AF461182

STATUTS
ET
REGLEMENS
DES MARCHANDS EN GROS de la Ville d'Amiens.

A AMIENS,
De l'Imprimerie de CHARLES CARON-HUBAULT, ruë & vis-à-vis Saint Martin.

M. DCC. XXXIII.

ARREST DU CONSEIL D'ETAT DU ROY.

Du vingtiéme Mars 1707.

QUI permet, conformément à l'Avis de Mr. Bignon, Conseiller d'Etat, Commissaire déparți en la Generalité d'Amiens, aux Marchands en Gros, non incorporez de la Ville d'Amiens, de s'unir en Corps & Communauté particuliere & distincte des autres Communautez de Marchands & Negocians de ladite Ville.

EXTRAIT DES REGISTRES DU CONSEIL D'ETAT.

VEU AU CONSEIL D'ETAT DU ROY, les Requêtes presentées en iceluy. La premiere par les Marchands en Gros non incorporez de la Ville d'Amiens; CONTENANT, Que Sa Majesté par ses Edits des mois de Mars & Decembre 1691. Mars 1694. & Juillet 1702. ayant taxez les Corps & Metiers, & créé des Offices de Jurez Gardes d'Auditeurs & Examinateurs des Comptes & Tresoriers de Bourse-Commune dans toutes les Communautez du Royaume, les Suplians auroient payé sous le nom de Marchands en Gros non incorporez, conformément aux Etats arrêtez au Conseil, & aux Répartitions faites par les Sieurs Chauvelin & Bignon Conseillers d'Etat, Commissaires départis en la Generalité de Picardie, la somme de 9900. liv. pour la Taxe sur les Corps & Métiers; celles de pour la réunion des Offices de Jurez Gardes; celle de 8238. liv. pour la réunion des Offices d'Auditeurs & Examinateurs des Comptes; & celle de 4000. liv. pour la Charge de la Tresorerie & Bourse-Commune. Mais par autres Edits des mois de Janvier & Octobre 1704. & Déclaration renduë en consequence le 30. Decembre de ladite année, Sa Majesté ayant créé des Offices de Controlleurs-Visiteurs des Poids & Mesures, & d'Inspecteurs generaux des Manufactures, les Suplians auroient été taxez suivant les Etats arrêtez au Conseil à la somme de 4480. liv. & les deux sols pour livre, pour le rachat des Poids & Mesures; & à celle de 19600. liv. & les deux sols pour livre, pour la supression des Charges d'Inspecteurs des Manufactures; lesquelles Taxes les Suplians n'étant pas en état de payer de leur Caisse, comme ils ont fait jusqu'à présent; voulant néanmoins satisfaire aux intentions de Sa Majesté, & faire cesser les poursuites rigoureuses que l'on exerce contr'eux par établissement de garnison, ils se seroient assemblez le 13. du mois de Septembre dernier pour déliberer entr'eux sur les Taxes ausquelles ils sont imposez, sous le nom de Marchands en Gros non incorporez pour le rachat de ladite Charge d'Inspecteur des Manufactures, & pour le rachat des Poids & Mesures: Et ayant cherché les moyens de s'acquitter envers Sa Majesté, ils n'auroient trouvé de moyen plus convenable pour y parvenir que de s'établir sous le bon plaisir de Sa Majesté en Corps & Communauté, afin qu'ayant le titre de Corps, ils soient en état de prendre de l'argent à rente pour payer les Taxes qui leur sont demandées, comme ont fait tous les autres Corps de ladite Ville d'Amiens, leur étant impossible de pouvoir faire aucun emprunt, sans être érigé en Corps: & à cet effet souhaitant d'ailleurs remedier aux abus qui se peuvent commettre dans leur Commerce en gros, qui est permis à toutes personnes indistinctement, sans avoir les qualitez requises, & sans être incorporez dans aucun Corps, ni assujetti à aucun Reglement, les Suplians en consequence des Edits des mois de Mars 1673. & Decembre 1691. qui permettent à tous les Marchands & Artisans qui ne sont point en Jurande, de prendre des Statuts, si bon leur semble, ont été conseillez pour le bien & utilité publique de la Manufacture de ladite Ville, & pour l'avantage & perfection de leur Commerce, qui deviendra de jour en jour plus florissant, quand il sera fondé sur des Reglemens ausquels on ne pourra contrevenir de rediger entr'eux pardevant Notaires, les dix-neuf Articles des Statuts & Reglemens cy-aprés, que Sa Majesté est trés-humblement supliée d'agréer & confirmer, pour être executez selon leur forme & teneur.

PREMIEREMENT.

Les Marchands en Gros ont choisi pour leur Patron Saint Martin.

II.

Les Marchands en Gros ne pourront avoir de Boutique ouverte, mais seulement des Magazins pour y vendre en gros, Balles, Caisses, Tonneaux, Barils, Panniers entiers, ou Sacs & Sous Cordes de toutes sortes de Marchandises, comme ils ont fait de tout tems immemorial, dont seront exceptez les beurres & fromages reservez au Corps des Epiciers, par l'Article XXXV. de leurs Brefs & Statuts.

III.

Ne pourront avoir chez eux aucuns Draps, ni dans leurs Magazins, mais seront tenus de les faire descendre au Bureau de la Halle aux Draps, pour y être vûs, visitez & marquez, & delà portez dans le Bureau des Marchandises foraines, pour y être vendus, comme il s'est toûjours pratiqué.

IV.

Ne pourront lesdits Marchands en Gros, faire le détail sous tel prétexte que ce puisse être.

V.

Ne pourront vendre aucunes Pieces des Manufactures de cette Ville & des environs, ni d'autres Manufactures du Royaume, ou Pays étrangers, qu'elles n'ayent été marquées au Bureau, & que par piece ayant le plomb.

VI.

Nul, s'il n'est incorporé ou qui ne sera du Corps desdits Marchands en Gros, ne pourra faire en cette Ville d'Amiens, le Négoce en Gros, excepté les Marchands incorporez és autres Communautez qui ont droit de faire le gros & le détail des Marchandiſes, dont ils ont la faculté de vendre, ſuivant leur état, en conformité de leurs Statuts.

VII.

Les Manufacturiers de cette Ville ne pourront achêter des autres Manufacturiers, leurs pieces de Manufactures pour les revendre ; mais pourront ſeulement vendre les pieces de Marchandiſes qui proviendront de leurs Ouvriers, où leur nom ſera tiſſu à l'extremité de chaque piece, conformément à l'Ordonnance des Manufactures, à peine de confiſcation des Marchandiſes, & d'amende.

VIII.

Les Marchands en Gros ſeront tenus de s'aſſembler le dixiéme Novembre de chacune année dans un Bureau qu'ils auront à cet effet, pour proceder à la nomination de leurs Gardes, où ils ſeront tenus de ſe trouver, à peine de ſoixante ſols d'amende, applicable aux Pauvres.

IX.

Il ſera choiſi cinq deſdits Marchands en Gros à la pluralité des voix, pour faire les fonctions de Grand Garde & Gardes, dont le plus nommé ſera le Grand Garde pour la premiere année ſeulement ; & aprés ſera pris tous les ans, ſuivant l'ordre du tableau par droit d'ancienneté, des quatre Gardes qui ſeront élûs, il en ſera choiſi chaque année deux, pour reſter avec deux nouveaux qui ſeront élûs pour faire leſdites fonctions de Gardes.

X.

Le Grand Garde & Gardes ainſi nommez, ſeront preſentez pardevant Meſſieurs les Maire & Echevins, Juges de Police & de Manufactures, pour y prêter le ſerment de bien & fidelement s'acquitter du devoir de leurs fonctions, ſans qu'aucuns deſdits Marchands puiſſent s'exempter d'en accepter la Charge, pour quelque cauſe que ce puiſſe être.

XI.

Les Gardes dudit Corps ſeront obligez de ſe trouver chaque jour aux Bureaux des Marques de la Manufacture, Halle aux Draps, Gueldes & Teintures, pour être preſens aux heures de marques pour viſiter & veiller qu'il ne ſe commette aucun abus & contravention aux Reglemens des Manufactures, ſans qu'ils puiſſent prétendre aucuns droits pour la viſite.

XII.

Seront tenus de faire leurs viſites dans les Magazins des Marchands dudit Corps, pour examiner s'il ne se trouvera point de Marchandises en contravention des Reglemens, auquel cas seront tenus de requerir permission du Juge de Police, pour enlever ce qui se trouvera en contravention, & être apporté en l'Hôtel commun de cette Ville, dont ils dresseront Procés verbal, pour être jugé conformément à l'Ordonnance des Manufactures.

XIII.

Les Gardes des autres Communautez ne pourront aller en visite chez lesdits Marchands en Gros, sous quelque prétexte que ce puisse être, sans en avoir obtenu permission du Juge de Police.

XIV.

Les Marchands qui voudront prendre Apprentifs seront tenus de les faire registrer au Greffe de l'Hôtel de Ville, en presence des Gardes dudit Corps, & lesdits Apprentifs d'être trois ans consecutifs chez lesdits Marchands, pour faire leur apprentissage, à quoi ils les engageront, & de leur rendre service pendant ledit tems.

XV.

Nul ne pourra être reçû Marchand en Gros, s'il n'a accompli le tems de son apprentissage, & qu'il n'ait le Brevet de son Maître.

XVI.

Les Fils des Maîtres seront affranchis du droit d'enregistrement & d'apprentissage.

XVII.

Celuy qui aura accompli le tems de son apprentissage, & qui voudra être reçû au Corps desdits Marchands, sera presenté par son Maître & les Gardes dudit Corps; & sera reçû Maître aprés qu'ils auront certifiez pardevant les Sieurs Maire & Echevins des bonnes vie & mœurs, Religion Catholique, Apostolique & Romaine, & capacité de l'Aspirant à ladite Maîtrise.

XVIII.

Nuls Commissionnaires, Courtiers, Courtieres, Hôteliers & tous autres sans qualitez, ne pourront s'entremettre de vendre, porter ni recevoir dans leurs maisons aucunes Marchandises du Corps desdits Grossiers; à peine de confiscation & d'amende.

XIX.

Nul Aspirant à la Maîtrise ne pourra être reçû Maître s'il ne paye pour le droit de Confrerie la somme de trente livres, six livres au grand Garde, & trois livres à chacun des quatre Gardes en Charge.

REQUERANS à ce qu'il plût à Sa Majesté pour leur faciliter les moyens de payer les Taxes qui leur sont demandées pour le rachat des Poids & Mesures, & pour la suppression des charges d'Inspecteurs des Manufactures, leur permettre d'établir Corps & Communauté en Jurande sous le nom de Marchands en Gros de ladite Ville d'Amiens ; & à cet effet agréer & approuver les dix-neuf Articles des Statuts & Reglemens mentionnez en la presente Requête, pour être à l'avenir gardez & observez de point en point selon leur forme & teneur par lesdits Marchands & leurs successeurs, sans qu'il y soit contrevenu. Et en cas de contravention ou opposition, qu'il plût à Sa Majesté s'en reserver la connoissance & à son Conseil, à l'exclusion de toutes ses Cours & Juges à peine de mille livres d'amende contre les contrevenans ; ordonner en outre qu'en payans par les Suplians les sommes ausquelles ils sont taxez pour le rachat des Poids & Mesures, & pour la suppression des Charges d'Inspecteurs des Manufactures, ils ne pourront, être troublez ni inquietez sous prétexte de leur ètablissement en Corps & Communauté pour les sommes par eux cy-devant payées sous le nom de Marchands en Gros non incorporez, pour la taxe sur les Corps & Métiers, pour la réünion des Offices de Jurez Gardes, des Offices d'Auditeurs & Examinateurs des Comptes, & pour la réünion de la Charge de la Tresorerie & bourse commune, & enjoindre au Sieur Commissaire départi en la Generalité d'Amiens de tenir la main à l'execution de l'Arrest qui interviendra. La seconde par les Marchands Epiciers & Drapiers de ladite Ville d'Amiens, contenant leurs oppositions à l'érection dudit Corps ; lesdites Requêtes renvoyées au Sieur Bignon Commissaire departi en la Generalité de Picardie, pour donner son avis. Vû aussi la Requête presentée audit Sieur Bignon le 6. Octobre 1707. par lesdits Marchands en Gros non incorporez, tendante à ce qu'il luy plût donner son avis en conformité de leurs conclusions. Ordonnance dudit sieur Bignon, de 11. dudit mois, portant que ladite Requête seroit communiquée aux Marchands Merciers secs, Drapiers, Epiciers & autres qui peuvent avoir interêt dans l'établissement proposé par lesdits Marchands en Gros avec leurs Brefs & Statuts, pour y fournir de défenses dans le Procés verbal qui en seroit dressé pardevant luy. Signification de ladite Requête ausdits Marchands Merciers secs, Drapiers & Epiciers le dix-neuf dudit mois d'Octobre, avec sommation de se trouver chez ledit Sieur Bignon. Autre

Assignation

Aſſignation donnée le vingt-quatriéme Novembre 1707. à la Requête deſdits Marchands en Gros non incorporez aux Gardes, Corps & Communautez des Tanneurs, Saiteurs & Haurelifſeurs de ladite Ville d'Amiens en vertu de l'Ordonnance dudit Sieur Bignon du 12. Octobre dernier. Procès verbal dudit Sieur Bignon fait en conſequence du Renvoy du Conſeil, contenant la comparution, dires & conteſtations des Gardes, Corps & Communautez des Maîtres, Marchands Merciers, Groſſiers, Joüailliers & Drapiers de ladite Ville d'Amiens, qui auroient ſoutenu que leſdits Marchands en Gros n'ayant aucun titre, droit & qualitez, avoient été deboutez d'une pareille tentative és années 1704. & 1705. & que leurs prétentions pour un nouveau Corps & pour leurs Statuts étoient inſoutenables & ſans exemple, ainſi qu'il le feront connoître par la ſuite, & qu'ils proteſtoient de nullité de tout ce qui pourroit être fait pardevant ledit Sieur Bignon de la part deſdits Marchands en Gros. Autre comparution faite pardevant ledit Sieur Bignon par les Gardes, Corps & Communautez des Marchands Merciers Epiciers de ladite Ville d'Amiens, qui ont dit que pour ne point incidenter, ils declaroient employer ce qui avoit été dit de la part des Marchands Merciers Secs. Repliques deſdits Marchands en Gros, que c'eſt une ſupoſition d'avancer de la part des Marchands Merciers Secs, Epiciers & Drapiers de ladite Ville d'Amiens, que leſdits Marchands en Gros ayent été deboutez de pareille Requête ; qu'au ſurplus il s'agiſſoit de ſçavoir ſi lon pouvoit les empêcher de faire un Corps particulier de Marchands Groſſiers, leur Commerce étant tout different de celui deſdits Merciers Secs, Epiciers & Drapiers, ſuivant qu'il paroît par les Brefs & Statuts par eux preſentez à Sa Majeſté. Autre comparution faite pardevant ledit Sieur Bignon par les Gardes, Corps & Communautez des Maîtres Saiteurs & Hautelifſeurs de ladite Ville d'Amiens, qui ont ſoutenu que ladite Communauté devoit être conſervée dans le droit & poſſeſſion qu'elle a de faire venir & achêter de tel lieu que les Maîtres veulent, toutes les ſoyes, laines & autres choſes dont ils ont beſoin pour la fabrique des Marchandiſes qu'ils font ; ſans être obligez à aucune viſite, ni payer aucuns droits ; comme auſſi de vendre à qui bon leur ſemble ; qu'au ſurplus ladite Communauté doit être conſervée dans tous les droits & privileges accordez par les Brefs, Statuts & Reglemens Generaux de la Manufacture & tout ce qui a été dit pardevers ledit Sieur Bignon. Veu l'avis dudit Sieur Bignon, enſemble les Edits de Sa Majeſté des mois de Mars 1673. & Decembre 1691. Oui le Rapport du Sieur Desmarests Conseiller ordinaire au Conseil Royal, Controlleur General des Finances: LE ROY EN SON CONSEIL, conformément à l'avis du Sieur Bignon, Conseiller d'Etat, Commissaire departi en la Generalité d'Amiens, a permis aux Marchands en Gros non incorporez de la Ville d'Amiens de s'unir en Corps & Communauté particuliere & distincte des autres Communautez des Marchands & Negocians de ladite Ville: Et à l'égard des Statuts contenus en leur Requête, ordonne Sa Majesté que dans un mois pour tout delay, à compter du jour de la signification du present Arrest aux Marchands Drapiers, Merciers Secs, Epiciers de ladite Ville d'Amiens, ils seront tenus d'articuler les griefs ou dommages qu'ils peuvent y souffrir, sinon & faute de ce faire & ledit temps passé, lesdits Statuts seront & demeureront homologuez avec eux, pour être executez selon leur forme & teneur, & du tout Sa Majesté a reservé au Conseil la connoissance. Fait défenses aux Parties de se pourvoir ailleurs, à peine de 3000 liv. d'amende, cassation de Procedures, & de tous dépens, dommages & interests. Ordonne en outre Sa Majesté qu'en payant par lesdits Marchands en Gros les sommes ausquelles ils sont taxez pour le rachat des Visiteurs-Controlleurs des Poids & Mesures, & pour la supression des Offices d'Inspecteurs des Manufactures, ils ne pourront être troublez ni inquietez sous prétexte de leur Etablissemeut en Corps & Communauté pour les sommes par eux cy-devant payées sous le nom de Marchands en Gros non incorporez, pour la taxe sur les Corps d'Arts & Métiers, ni pour les réunions des Offices de Jurez Gardes d'Auditeurs-Examinateurs des Comptes, & de Tresoriers de la Bourse commune. Enjoint Sa Majesté audit Sieur Bignon de tenir la main à l'execution du present Arrrest. FAIT au Conseil d'Etat du Roy tenu à Versailles le vingtiéme jour de Mars mil sept cens huit, collationné, *signé*, GOUJON.

LOUIS par la grace de Dieu, Roy de France & de Navarre: A nôtre amé & feal le Sieur Bignon Conseiller d'Etat, Commissaire départi pour l'execution de nos Ordres en la Generalité d'Amiens, SALUT: Suivant l'Arrest dont l'Extrait est ci-attaché sous le contre-scel de nôtre Chancellerie ce jourd'huy donné en nôtre Conseil d'Etat entre les Marchands en Gros non incorporez de la Ville d'Amiens, les Marchands Epiciers & Drapiers de ladite Ville d'Amiens, & autres, nous vous enjoignons de tenir la main à l'execution d'icelui. Commandons au premier nôtre Huiſſier ou Sergent ſur ce requis de ſignifier ledit Arreſt aux y dénommez, & à tous qu'il appartiendra, à ce qu'ils n'en ignorent, & de faire en outre pour l'entiere execution d'icelui, à la Requête deſdits Marchands en Gros non incorporez de ladite Ville, tous Commandemens, ſommations, défenſes y contenuës, & autres Actes & Exploits neceſſaires ſans autre permiſſion: car tel eſt nôtre plaiſir. DONNE' à Verſailles le vingtiéme jour de Mars l'an de grace mil ſept cens huit, & de nôtre Regne le ſoixante-cinquiéme. Par le Roy en ſon Conſeil, *ſigné*, GOUJON. Et ſcellé du grand Sceau de cire jaune.

ARREST
DU CONSEIL D'ETAT DU ROY.

QUI ordonne que les Marchands Drapiers, Merciers Secs & Epiciers, Houpiers, Tanneurs, Saiteurs & Haute-liſſeurs de la Ville d'Amiens, articuleront dans huitaine pardevant Monſieur de Bernage, Commiſſaire départi en la Generalité d'Amiens, leurs griefs ou dommages contre les Statuts des Marchands en Gros mentionnez en la Requête inſerée en l'Arreſt du Conſeil du vingt Mars 1708. pour être par luy dreſſé Procés verbal de leurs dires & conteſtations.

Extrait des Regiſtres du Conſeil d'Etat.

SUR la Requête preſentée au Roy en ſon Conſeil par les Marchands en Gros de la Ville d'Amiens, contenant que par Arreſt contradictoire du Conſeil du 20. Mars dernier, Sa Majeſté pour faciliter aux Supplians les moyens d'emprunter les ſommes auſquelles ils ſont taxés pour la ſupreſſion des Charges d'Inſpecteurs des Manufactures, & pour le rachat des Poids & Meſures, leur ayant permis, conformément à l'avis du Sieur Commiſſaire départi en la Generalité d'Amiens, de s'unir en Corps & Communauté particuliere & distincte des autres Communautez de Marchands & Negocians de ladite Ville d'Amiens, pour faire le Negoce en gros, qui a toûjours été permis à toutes personnes indistinctement. Sa Majesté auroit ordonné, à l'égard des Statuts contenus en la Requête inserée audit Arrest que dans un mois pour tout delay, à compter du jour de la signification d'iceluy aux Marchands Drapiers, Merciers Secs, Epiciers & autres Marchands de ladite Ville d'Amiens, ils seroient tenus d'articuler les griefs ou dommages qu'ils pouvoient y souffrir, sinon & à faute de ce faire dans ledit temps que lesdits Statuts seroient & demeureroient homologuez avec eux pour être executez selon leur forme & teneur; à l'execution duquel Arrest Sa Majesté auroit enjoint audit Sieur Commissaire déparți de tenir la main. En vertu de cet Arrest les Supplians s'étant pourvûs devant ledit Sieur Commissaire, ils auroient en vertu de son Ordonnance du 29. Mars dernier fait assigner pardevant luy les Marchands Drapiers, Merciers Secs, Tanneurs, Epiciers, Saiteurs & Hautelisseurs de ladite Ville d'Amiens, à l'effet d'articuler conformément audit Arrest les griefs ou dommages qu'ils pourroient souffrir des Statuts mentionnez en la Requête des Supplians, inserée audit Arrest dans le temps porté par iceluy, pour être par luy dressé Procés verbal de leurs dires & contestations; mais au lieu d'articuler par lesdits Marchands leurs prétendus griefs ou dommages, ils auroient dans un esprit de cabale fait refus de proceder devant ledit Sieur Bignon Commissaire déparți, & auroient protesté de nullité de son Ordonnance & de l'assignation à eux donnée en consequence, suivant leurs Actes des 14. 17. & 28. Avril dernier, par lesquels ils auroient déclaré qu'ils fourniroient & articuleroient leurs griefs & dommages à l'égard desdits Statuts au Conseil de Sa Majesté; & en consequence de ces protestations les Marchands Drapiers & Merciers Secs, ont presenté leur Requête au Sieur Desmaretz Contrôlleur General des Finances, & les Marchands Epiciers, ont déclaré avoir remis la leur entre les mains du Sieur d'Ernothon Maître des Requêtes, & les autres Corps, ont reconnu le Sieur Bignon pardevant lequel ils procedent; ce qui met les Supplians dans la necessité de recourir à Sa Majesté pour faire cesser ces differentes poursuites, qui tendent à les engager dans de trés gros frais; & ils suplient trés humblement Sa Majesté de renvoyer la connoissance des opositions formées à leurs Statuts au Sieur Commissaire déparți en la Generalité d'Amiens, pleinement instruit des interests des

Parties & du Commerce de ladite Ville, pour être par luy dressé Procés verbal de leurs dires & contestations. C'est sur quoi les Supplians esperent que Sa Majesté aura la bonté de leur pourvoir. A ces Causes requeroient les Supplians qu'il plût à Sa Majesté ordonner, que lesdits Marchands Drapiers, Merciers Secs, Epiciers, Houpiers, Tanneurs, Saiteurs & Hautelisseurs de la Ville d'Amiens, articuleront dans huitaine pardevant le Sieur Commissaire départi en la Generalité d'Amiens, les griefs ou dommages qu'ils peuvent souffrir des Statuts mentionnez en la Requête des Supplians inserée audit Arrest du Conseil, pour être par luy dressé Procés verbal de leurs dires & contestations, pour icelui rapporté au Conseil être fait droit ainsi qu'il appartiendra, avec défenses de se pourvoir & faire aucunes poursuites ailleurs, à peine de nullité. Vû au Conseil du Roy ladite Requête, ensemble les Pieces justificatives du contenu en icelle: Oüy le Rapport du Sieur Desmaretz Conseiller ordinaire au Conseil Royal; Contrôlleur General des Finances; LE ROY EN SON CONSEIL, ayant égard à ladite Requête a ordonné & ordonne que les Marchands Drapiers, Merciers Secs, Epiciers, Houpiers, Tanneurs, Saiteurs & Hautelisseurs, de la Ville d'Amiens, articuleront dans huitaine du jour de la signification du present Arrest pardevant le Sieur de Bernage Commissaire départi en la Generalité d'Amiens, les griefs ou dommages qu'ils peuvent souffrir des Statuts mentionnez en la Requête des Supplians inserée audit Arrest du Conseil du 20. Mars dernier, pour être par luy dressé Procès verbal de leurs dires & contestations, ensemble des repliques des Supplians; & iceluy vû & raporté au Conseil, avec son avis sur le tout, être fait droit ainsi qu'il appartiendra. Et cependant fait Sa Majesté défenses aux Parties de se pourvoir & de faire aucunes poursuites ailleurs à peine de nullité, cassation de procedures, trois mille livres d'amende, & de tous dépens, dommages & interests. Fait au Conseil d'Etat du Roy tenu à Fontainebleau, le dixiéme jour de Juillet mil sept cens huit. Collationné. *Signé*, RANCHIN.

LOUIS par la grace de Dieu, Roy de France & de Navarre, à nôtre amé & feal Conseiller en nos Conseils, Maître des Requêtes ordinaire de nôtre Hôtel le Sieur de Bernage, Intendant & Commissaire départi pour l'execution de nos ordres en la Generalité d'Amiens, Salut. Suivant l'Arrest dont l'Extrait est ci-attaché ſous le contre-ſcel de nôtre Chancellerie, cejourd'huy donné en nôtre Conſeil d'Etat ſur la Requête à Nous preſentée en iceluy par les Marchands en Gros de la Ville d'Amiens; Nous vous renvoyons les Parties y dénommées pour être par vous dreſſé Procès verbal de leurs dires & conteſtations, enſemble des repliques deſdits Marchands en Gros, pour iceluy vû & rapporté avec vôtre avis être fait droit ſur le tout ainſi qu'il appartiendra. COMMANDONS au premier nôtre Huiſſier ou Sergent ſur ce requis, de ſignifier ledit Arreſt aux Marchands Drapiers, Merciers Secs, Epiciers, Houpiers, Tanneurs, Saiteurs & Hauteliſſeurs de ladite Ville d'Amiens, à ce qu'ils n'en ignorent: Et en outre fais pour l'entiere execution dudit Arreſt à la Requête deſdits Marchands en Gros, tous commandemens, ſommations, défenſes y contenuës ſur les peines y portées, & tous autres Actes & Exploits neceſſaires ſans autre permiſſion: CAR tel eſt nôtre plaiſir. DONNE' à Fontainebleau le dixiéme jour de Juillet, l'an de grace mil ſept cens huit: Et de nôtre Regne le ſoixante-ſixiéme. Par le Roy en ſon Conſeil, *ſigné*, RANCHIN. Et ſcellé du grand Sceau.

Extrait des Regiſtres du Conſeil d'Etat.

VÛ au Conſeil d'Etat du Roy l'Arreſt contradictoire intervenu en iceluy le 20. Mars 1708. entre les Marchands en Gros non incorporez de la Ville d'Amiens, & les Gardes, Corps & Communautez des Marchands Drapiers, Merciers ſecs & Epiciers de ladite Ville, par lequel Sa Majeſté conformément à l'avis du Sieur Bignon Conſeiller d'Etat, Commiſſaire départi en la Generalité d'Amiens, auroit permis aux Marchands en Gros non incorporez de ladite Ville, de s'unir en Corps & Communauté paticuliere & diſtincte des autres Communautez de Marchands & Negocians de ladite Ville; & en conſequence ordonné à l'égard des Statuts contenus en la Requête inſerée audit Arreſt, que dans un mois pour tout délai, à compter du jour de la ſignification dudit Arreſt, aux Marchands Drapiers, Merciers Secs & Epiciers de ladite Ville, ils ſeroient tenus d'articuler les griefs ou dommages qu'ils pouvoient y ſouffrir; ſinon & à faute de ce faire & ledit temps paſſé, que leſdits Statuts ſeroient & demeureroient homologuez avec eux pour être executez ſelon leur forme & teneur, duquel Arreſt, Sa Majeſté auroit reervé la connoissance à son Conseil, avec défenses aux Parties de se pourvoir ailleurs, à peine de trois mille livres d'amende, cassation de procedures & de tous dépens, dommmages & interests, avec injonction audit Sieur Bignon de tenir la main à son execution. Autre Arrest du Conseil intervenu sur la Requête des Marchands en Gros de ladite Ville d'Amiens le 10. Juillet 1708. par lequel Sa Majesté auroit ordonné, que les Marchands Drapiers, Merciers Secs & Epiciers, Houpiers, Tanneurs, Saiteurs & Hautelisseurs de ladite Ville, articuleroient dans huitaine du jour de la signification dudit Arrest, pardevant le Sieur de Bernage, Commissaire départi en la Generalité d'Amiens, les griefs ou dommages qu'ils pourroient souffrir des Statuts mentionnez en la Requête des Marchands en Gros, inseré audit Arrest du Conseil du 20. Mars 1708. pour être par lui dressé Procés verbal de leurs dires & contestations, ensemble des repliques desdits Marchands en Gros, & icelui vû & raporté au Conseil avec son avis, sur le tout être fait droit ainsi qu'il appatiendroit, avec défenses aux Parties de se pourvoir & faire aucunes poursuites ailleurs, à peine de nullité, cassation de procedures, 3000. liv. d'amende & de tous dépens, dommages & interêts. Requête presentée au Sieur de Bernage par les Marchands en Gros, tendante à ce qu'il luy plût ordonner conformément audit Arrest du 10. Juillet 1708. que les Marchands Drapiers, Merciers Secs & Epiciers, Tanneurs, Houpiers, Saiteurs & Hautelisseurs, articuleront dans huitaine pour tout délai pardevant lui, les griefs ou dommages qu'ils pouvoient souffrir des Statuts mentionnez en la Requête desdits Marchands en Gros, inserée en l'Arrest du Conseil du 20. Mars 1708. Ordonnance du Sieur de Bernage au bas de ladite Requête du 13. Mars 1708. portant qu'elle seroit communiquée aux Marchands Drapiers, Merciers Secs & Epiciers, Tanneurs, Houpiers, Saiteurs & Hautelisseurs de ladite Ville, avec les Brefs & Statuts proposez par lesdits Marchands en Gros au Conseil, pour parvenir à leur établissement en Communauté, si fait n'avoit été, pour entendre les Parties sur les griefs ou dommages qu'ils peuvent souffrir desdits Brefs & Statuts, & en être dressé Procés verbal, auquel lesdits Marchands en Gros insereroient leurs réponses, pour icelui fait être envoyé au Conseil, avec son avis; ladite Ordonnance signifiée ausdits Marchands Drapiers, Merciers Secs & Epiciers, Tanneurs, Houpiers, Saiteurs & Hautelisseurs, le 16. dudit mois d'Aoust. Procés verbal dudit Sieur de

Bernage, du 27. Aoust 1708. fait en consequence du renvoy du Conseil, contenant la comparution, dires & requisitions des Gardes, Corps & Communauté des Maîtres Marchands Drapiers de ladite Ville d'Amiens; leurs griefs & dommages contre les Articles II. III. V. XI. & XIII. des Statuts desdits Marchands en Gros inserez en l'Arrest du Conseil du 20. Mars 1708. Autre comparution faite pardevant ledit Sieur de Bernage, par les Gardes, Corps & Communautez des Maîtres Marchands Merciers, Grossiers, Joüailliers de ladite Ville, & leurs griefs & dommages contre l'Article II. des Statuts desdits Marchands en Gros, lesquels ont conclu, à ce qu'il plût à Sa Majesté les maintenir & garder dans le droit & possession de vendre seuls à l'exclusion de tous autres en Gros & en détail, les Marchandises qui appartiennent à la Mercerie; & qui sont comprises dans l'Article XII. des Statuts des Marchands Merciers de Paris; en consequence ordonner, que lesdites Marchandises seront & demeureront exceptées de celles des Articles II. & III. des Statuts desdits Marchands en Gros, & leur faire défenses d'en vendre aucunes en gros, ou autrement, à peine de confiscation desdites Marchandises, de 1500. liv. d'amende, & de tous dépens, dommages & interests. Autre comparution desdits Marchands Merciers & leurs griefs contre l'Article XIII. des Statuts desdits Marchands en Gros, qui fait défenses aux Gardes des autres Communautez de faire des visites chez lesdits Marchands en Gros, sans en avoir obtenu permission du Juge de Police. Autre comparution faite pardevant ledit Sieur de Bernage, par les Gardes, Corps & Communauté des Maîtres Saiteurs de ladite Ville, lesquels ont declaré par leur Requête du 4. May 1709. qu'ils persistoient dans les griefs par eux articulez pardevant ledit Sieur Bignon lors de son Procés verbal du 31. Janvier 1708. lesquels sont inserez dans le vû de l'Arrest du Conseil du 20. Mars ensuivant. Autre comparution faite pardevant ledit Sieur de Bernage par les Gardes, Corps & Communauté des Marchands Merciers, Ciriers-Epiciers-Droguistes de ladite Ville, & leurs griefs contre les Articles II. VI. VII. XIII. & XVIII. des Statuts desdits Marchands en Gros. Autre comparution faite pardevant ledit Sieur de Bernage, par les Gardes, Corps & Communauté des Maîtres Hautelisseurs de ladite Ville, lesquels ont employé les moyens & griefs articulez par les autres Communautez, & ont demandé par leurs griefs d'être maintenus & conservez dans les droits à eux attribuez

par

par les Reglemens de l'année 1666. Autre comparution faite pardevant ledit Sieur de Bernage, par les Gardes, Corps & Communauté des Maîtres Houpiers de ladite Ville, lesquels ont demandé par les griefs par eux articulez contre l'Article II. desdits Marchands en Gros, qu'il leur soit fait défenses de vendre en Gros aucunes laines peignées ou façonnées de telle maniere que ce soit, à moins que ce ne soit laines aprêtées hors du Royaume, qui sont laines d'Angleterre. Réponse desdits Marchands en Gros, aux moyens & griefs articulez contre leurs Statuts, par lesdites Communautez. Vû aussi l'Avis dudit Sieur de Bernage, ensemble la Requête presentée par lesdits Marchands en Gros, tendante à ce qu'il plaise à Sa Majesté conformément à l'Arrest du Conseil du 20. Mars 1708. ordonner que lesdits Marchands en Gros resteront unis & incorporez en Communauté distincte & separée de celles des autres Negocians de ladite Ville; à cet effet ordonner que les dix-neuf Articles des Statuts inserez audit Arrest, seront homologuez purement & simplement avec les Marchands Drapiers, Merciers Secs & Epiciers, Tanneurs, Houpiers, Saiteurs & Hautelisseurs de ladite Ville, pour être executez selon leur forme & teneur; & que toutes Lettres Patentes sur ce necessaires, seront expediées & enregistrées au Parlement de Paris & par tout ailleurs où besoin sera, nonobstant oppositions ou autres empêchemens quelconques, & en cas de contravention ou opposition, s'en reserver la connoissance & à son Conseil, à l'exclusion de toutes ses autres Cours & Juges, avec défenses aux Parties de se pourvoir ailleurs, à peine de 3000. liv. d'amende contre les contrevenans: Ouy le Raport du Sieur Desmarests Conseiller ordinaire au Conseil du Roy, Controlleur General des Finances. LE ROY EN SON CONSEIL, conformément à l'avis du Sieur de Bernage Commissaire départi en la Generalité d'Amiens, a ordonné & ordonne que les Arrests du Conseil du vingt Mars & dix Juillet 1708. seront executez selon leur forme & teneur; en consequence que les Marchands en Gros de la Ville d'Amiens, demeureront unis & incorporez en Communauté distincte & separée des Communautez des autres Negocians de ladite Ville; auquel effet ordonne Sa Majesté que les dix-neuf Articles des Statuts mentionnez audit Arrest du Conseil du vingt Mars 1708. seront homologuez purement & simplement avec les Marchands Drapiers, Merciers Secs & Epiciers, avec les Tanneurs, Houpiers, Saiteurs & Hautelisseurs de ladite Ville, pour être executez selon leur forme

& teneur; qu'à cet effet toutes Lettres Patentes seront expediées & enregistrées au Parlement de Paris, & par tout ailleurs où besoin sera, nonobstant oppositions ou autres empêchemens quelconques, dont si aucuns interviennent, Sa Majesté s'en est reservé la connoissance & à son Conseil, & icelle interdite à toutes ses autres Cours & Juges: faisant trés expresses défenses aux Parties de se pourvoir ailleurs, à peine de trois mille livres d'amende contre les contrevenans, cassation de Procedures, & de tous dépens, dommages & interests. FAIT au Conseil d'Etat du Roy tenu à Marly le quinziéme jour de Juillet mil sept cens dix, collationné. *Signé*, RANCHIN.

ARREST CONTRADICTOIRE
DU CONSEIL D'ESTAT,

Rendu conformément à l'avis de Monsieur de Bernage Commissaire départi en la Generalité d'Amiens; qui ordonne, sans s'arrêter aux Griefs articulez contre les Statuts des Marchands en Gros de ladite Ville, inserez en l'Arrest du Conseil du 20. Mars 1708. qu'ils seront executez selon leur forme & teneur, & homologuez purement & simplement, & qu'à cet effet toutes Lettres Patentes seront expediées & enregistrées au Parlement de Paris, & par tout ailleurs où besoin sera.

Extrait des Registres du Conseil d'Etat.

VEU au Conseil d'Etat du Roy l'Arrest contradictoire intervenu en icelui le vingt Mars 1708. entre les Marchands en Gros non incorporez de la Ville d'Amiens, & les Gardes, Corps & Communautez des Marchands Merciers, Grossiers, Joüailliers, Drapiers, Epiciers, Saiteurs & Hautelisseurs de ladite Ville, par lequel Sa Majesté, conformément à l'avis du Sieur Bignon Conseiller d'Etat, Commissaire départi en la Generalité d'Amiens, auroit permis ausdits Marchands en Gros non incorporez de ladite Ville de s'unir en Corps & Communauté particuliere, & distincte des autres Communautez de Marchands & Negocians de ladite Ville;

& en conſequence ordonne à l'égard des Statuts contenus en la Requête inſerée audit Arreſt, que dans un mois pour tout delay, à compter du jour de la ſignification dudit Arreſt aux Marchands Drapiers, Merciers Secs & Epiciers de ladite Ville, ils ſeroient tenus d'articuler les griefs ou dommages qu'ils pouvoient y ſouffrir, ſinon, & à faute de ce faire, & ledit tems paſſé, que leſdits Statuts ſeroient & demeureroient homologuez avec eux, pour être executez ſelon leur forme & teneur, duquel Arreſt Sa Majeſté auroit reſervé la connoiſſance à ſon Conſeil, avec défenſes aux Parties de ſe pourvoir ailleurs, à peine de 3000. liv. d'amende, caſſation de procedures, & de tous dépens, dommages & intereſts, avec injonction audit Sieur Bignon de tenir la main à ſon execution. Autre Arreſt du Conſeil intervenu ſur la Requête des Marchands en Gros de la Ville d'Amiens le 10. Juillet 1708. par lequel Sa Majeſté auroit ordonné que les Marchands Drapiers, Merciers Secs & Epiciers, Houpiers, Tanneurs, Saiteurs & Hautelicheurs de ladite Ville, articuleroient dans huitaine du jour de la ſignification dudit Arreſt pardevant le Sieur de Bernage Commiſſaire départi en la Generalité d'Amiens, les griefs ou dommages qu'ils pourroient ſouffrir des Statuts mentionnez en la Requête des Marchands en Gros inſerée audit Arreſt du Conſeil du 20. Mars 1708. pour être par lui dreſſé Procés verbal de leurs dires & conteſtations, enſemble des repliques deſdits Marchands en Gros, & icelui vû & raporté au Conſeil avec ſon avis, ſur le tout être fait droit, ainſi qu'il appartiendroit; avec défenſes aux Parties de ſe pourvoir, & de faire aucunes pourſuites ailleurs, à peine de nullité, caſſation de Procedures, 3000. liv. d'amende, de tous dépens, dommages & intereſts. Requête preſentée au Sieur de Bernage par les Marchands en Gros, tendante à ce qu'il plût ordonner, conformément audit Arreſt du 10. Juillet 1708. que les Marchands Drapiers, Merciers Secs, Epiciers, Tanneurs, Houpiers, Saiteurs & Hautelicheurs articuleroient dans huitaine pour tout delay pardevant lui les griefs ou dommages qu'ils pouvoient ſouffrir des Statuts mentionnez en la Requête des Marchands en Gros inſerée en l'Arreſt du Conſeil du 20. Mars 1708. Ordonnance du Sieur de Bernage au bas de ladite Requête du 13. Aouſt 1708. portant qu'elle ſeroit communiquée aux Marchands Drapiers, Merciers Secs & Epiciers, Tanneurs, Houpiers, Saiteurs & Hautelicheurs de ladite Ville, avec les Brefs & Statuts propoſez par leſdits Marchands en Gros au Conſeil, pour parvenir à leur établiſſement en Communauté, si fait n'avoit été, pour entendre les Parties sur les griefs ou dommages qu'ils pouvoient souffrir desdits Brefs & Statuts, & en être dressé Procés verbal, auquel lesdits Marchands en Gros insereroient leurs réponses, pour icelui fait être renvoyé au Conseil avec son avis, ladite Ordonnance signifiée ausdits Marchands Drapiers, Merciers Secs & Epiciers, Tanneurs, Houpiers, Saiteurs & Hautelisseurs le 16. dudit mois d'Aoust. Procès verbal dudit Sieur de Bernage du 27. Aoust 1708. fait en consequence du renvoy du Conseil contenant la comparution, dires & requisitions des Gardes, Corps & Communauté des Maîtres Marchands Drapiers de la Ville d'Amiens, & leurs griefs & dommages contre les Articles II. III. V. XI. & XIII. des Statuts desdits Marchands en Gros, inserez en l'Arrest du Conseil du 20. Mars 1708. Autre comparution faite pardevant ledit Sieur de Bernage par les Gardes, Corps & Communauté des Maîtres Marchands Merciers, Grossiers, Joüailliers de ladite Ville, & les griefs & dommages par eux articulez contre l'Article II. des Statuts desdits Marchands en Gros, aux fins desquels ils ont conclu à ce qu'il plût à Sa Majesté les maintenir & garder dans le droit & la possession de vendre seuls, à l'exclusion de tous autres, en gros & en détail les Marchandises qui appartiennent à la Mercerie, & qui sont comprises dans l'Article XII. des Statuts des Marchands Merciers de Paris: en consequence ordonner que lesdites Marchandises seront & demeureront exceptées de celles des Articles II. & III. des Statuts desdits Marchands en Gros ausquels il sera fait défenses d'en vendre aucunes en gros ou autrement, à peine de confiscation desdites Marchandises, de 1500. liv. d'amende, & de tous dépens, dommages & interests. Autre comparution desdits Marchands Merciers, & leurs griefs contre l'Article XIII. des Statuts desdits Marchands en Gros, qui fait défenses aux Gardes des Communautez de faire des visites, sans avoir obtenu permission du Juge de Police. Autre comparution faite pardevant ledit Sr. de Bernage par les Gardes, Corps & Communauté des Maîtres Saiteurs de ladite Ville, lesquels ont declaré par leur Requête du 4. May 1709. qu'ils persistoient dans les griefs par eux articulez pardevant ledit Sr. Bignon lors de son Procés verbal du 31. Janvier 1708. lesquels sont inserez dans le vû de l'Arrest du Conseil du 20. Mars suivant. Autre comparution faite pardevant ledit Sieur de Bernage par les Gardes, Corps & Communauté des Marchandes Merciers Ciriers & Epiciers-Droguistes de ladite Ville, & leurs griefs contre les Articles II. VI

VII. XIII. & XVIII. des Statuts desdits Marchands en Gros. Autre comparution faite pardevant ledit Sieur de Bernage par les Gardes, Corps & Communauté des Maîtres Hautelisseurs de ladite Ville, qui ont employé les moyens & griefs articulez par les autres Communautez, & ont demandé par leurs griefs d'être maintenus & conservez dans les droits à eux attribuez par les Reglemens de l'année 1666. Autre comparution faite pardevant ledit Sieur de Bernage par les Gardes, Corps & Communauté des Maîtres Houpiers de ladite Ville, lesquels ont demandé par les griefs par eux articulez contre l'Article II. des Statuts desdits Marchands en Gros, qu'il leur soit fait défenses de vendre en gros aucunes laines peignées ou façonnées de telle maniere que ce soit, à moins que ce ne soit laines aprêtées hors du Royaume, qui sont laines d'Angleterre. Réponse desdits Marchands en Gros aux moyens & griefs articulez contre leurs Statuts par lesdites Communautez : Vû aussi l'avis dudit Sr. de Bernage; ensemble la Requête presentée à Sa Majesté par lesdits Marchands en Gros, tendante à ce qu'il plaise à Sa Majesté, sans s'arrêter aux griefs, articulez contre leurs Statuts pardevant ledit sieur de Bernage par les Marchands Drapiers, Merciers Secs & Epiciers, Tanneurs, Houpiers, Saiteurs & Hautelisseurs de ladite Ville d'Amiens, ordonner que les Arrests du Conseil des 20. Mars & 10. Juillet 1708. seront executez selon leur forme & teneur : En consequence que les Marchands en Gros de ladite Ville, demeureront unis & incorporez en Communauté distincte & separée des autres Marchands & Negocians de ladite Ville, à cet effet ordonner que les 19. Articles des Statuts inserez audit Arrest, seront & demeureront homologuez purement & simplement avec les Marchands Drapiers, Merciers Secs & Epiciers, avec les Tanneurs, Houpiers, Saiteurs & Hautelisseurs de ladite Ville, pour être executez selon leur forme & teneur; & que pour l'entiere execution de l'Arrest qui interviendra, toutes Lettres Patentes seront expediées & enregistrées au Parlement de Paris, & par tout ailleurs où besoin sera, nonobstant toutes oppositions, ou autres empêchemens formez ou à former à leur enregistrement par lesdits Marchands Drapiers, Merciers Secs & Epiciers, par les Tanneurs, Houpiers, Saiteurs & Hautelisseurs de ladite Ville d'Amiens, dans lesquelles ils seront declarez non recevables & mal fondez, avec défenses à tous Juges d'y avoir aucun égard, à peine de nullité : OUY le Raport du Sieur Desmarests Conseiller ordinaire au Conseil Royal, Controlleur General des Finances, LE ROY EN SON

CONSEIL, conformément à l'avis du Sieur de Bernage Commissaire départi en la Generalité d'Amiens, sans s'arrêter aux griefs articulez contre les Statuts des Marchands en Gros de la Ville d'Amiens inserez en l'Arrest du Conseil du vingt Mars 1708. a ordonné & ordonne que les Arrests du Conseil des vingt Mars & dix Juillet 1708. seront executez selon leur forme & teneur; en consequence que lesdits Marchands en Gros demeureront unis & incorporez en Communauté distincte & separée des Communautez des autres Marchands & Negocians de ladite Ville, auquel effet Sa Majesté a ordonné que les dix-neuf Articles des Statuts desdits Marchands en Gros inserez audit Arrest du Conseil du 20. Mars 1708. seront & demeureront homologuez purement & simplement avec les Marchands Drapiers, Merciers Secs & Epiciers, avec les Tanneurs, Houpiers, Saiteurs & Hautelisseurs de ladite Ville; pour être executez selon leur forme & teneur: Et pour l'entiere execution du present Arrest, Sa Majesté a ordonné que toutes Lettres Patentes seront expediées & enregistrées au Parlement de Paris, & par tout ailleurs où besoin sera, nonobstant toutes oppositions & autres empêchemens formez ou à former à leur enregistrement par lesdits Marchands Drapiers, Merciers Secs, & Epiciers, Tanneurs, Houpiers, Saiteurs, & Hautelisseurs de ladite Ville d'Amiens, dans lesquels, si aucuns interviennent, Sa Majesté les a declarez non-recevables & mal fondez. FAIT au Conseil d'Etat du Roy, tenu à Versailles le vingt-troisiéme jour de Decembre mil sept cens dix. Collationné. *Signé*, BERTHELOT.

LETTRES PATENTES

Confirmatives des Dix-neuf Articles des Statuts des Marchands en Gros de la Ville d'Amiens, inserées en l'Arrest du Conseil du 20. Mars 1708.

LOUIS par la grace de Dieu, Roy de France de Navarre: A tous ceux qui ces presentes Lettres verront; SALUT. Nos amez les Marchands en Gros de nostre Ville d'Amiens, Nous ont fait remontrer, que pour pouvoir payer les taxes à eux demandées sous le noms de Marchands en Gros non incorporez pour le rachat de la Charge d'Inspecteur des Manufactures & des Poids & Mesures, étant necessaire qu'ils fussent unis en Corps & Communauté suivant les 19. Articles des Statuts par eux redigez pour le bien & utilité publique de la Manufacture de ladite Ville & l'avantage & perfection de leur Commerce, Nous leur avons permis par Arrest de nôtre Conseil du 20. Mars 1708. conformément à l'avis du Sieur Bignon Conseiller en nôtre Conseil d'Etat, lors Commissaire departi pour l'execution de nos ordres en la Generalité d'Amiens, de s'unir en Corps & Communauté particuliere & distincte des autres Communautez des Marchands & Negocians de ladite Ville. Et à l'égard des Statuts contenus en leur Requête, Nous avons ordonné que dans un mois pour tout delay, à compter du jour de la signification dudit Arrest, aux Marchands Drapiers, Merciers Secs, Epiciers de ladite Ville d'Amiens; ils seroient tenus d'articuler les griefs ou dommages qu'ils pouvoient souffrir de l'execution desdits Statuts, sinon & à faute de ce faire & ledit tems passé, que lesdits Statuts seroient & demeureroient homologuez pour être executez selon leur forme & teneur, & du tout nous avons reservé la connoissance en nôtre Conseil; & fait défenses aux Parties de se pourvoir ailleurs, à peine de 3000. livres d'amende, cassation de procedures, & de tous dépens, dommages & interests. A l'execution duquel Arrest ayant été formé des oppositions, Nous avons ordonné par autre Arrest de nôtre Conseil du 10. Juillet 1708. rendu sur la Requête des Exposans, que les Marchands Drapiers, Merciers Secs & Epiciers, Houpiers, Tanneurs, Saiteurs & Hautelisseurs de ladite Ville d'Amiens, articuleroient dans huitaine du jour de la signification dudit Arrest pardevant le sieur de Bernage Commissaire départi en la Generalité d'Amiens, les griefs ou dommages qu'ils pouvoient souffrir des Statuts mentionnez en la Requête des Exposans inserée en l'Arrest de nôtre Conseil du 20. Mars 1708. pour être par luy dressé Procés verbal de leurs dires & contestations, ensemble des repliques des Exposans; & iceluy vû & rapporté en nôtre Conseil avec son avis, être fait droit ainsi qu'il appartiendroit, & renouvellé les défenses aux Parties de se pourvoir ailleurs, & de faire aucunes poursuites ailleurs, à peine de nullité, cassation de procedures, & de tous dépens, dommages & interests, & de 3000. livres d'amende. En execution duquel Arrest ledit Sieur de Bernage aprés avoir entendu les Parties, Nous auroit donné son avis, sur lequel seroit intervenu autre Arrest contradictoire de nôtre Conseil du 15. Juillet 1710. par lequel Nous avons ordonné que lesdits Arrests de nôtre Conseil des 20. Mars & 10. Juillet

1708. ſeroient executez ſelon leur forme & teneur, & en conſequence que les Expoſans demeureroient unis & incorporez en Communauté diſtincte & ſeparée des Communautez des autres Negocians de ladite Ville, & qu'à cet effet les dix-neuf Articles des Statuts inſerez audit Arreſt de nôtre Conſeil du 20. Mars 1708. ſeroient homologuez purement & ſimplement avec les Marchands Drapiers, Merciers Secs & Epiciers, avec les Tanneurs, Houpiers, Saiteurs & Hautelïſſeurs de nôtredite Ville d'Amiens, pour être executez ſelon leur forme & teneur; leſquels Arreſts voulant être executez, & procurer une entiere homologation & execution deſdits Articles, nonobſtant toutes oppoſitions faites ou à faire. Nous avons rendu un autre Arreſt en nôtre Conſeil le 23. Decembre dernier, pour prévenir toutes les difficultez & oppoſitions qui pourroient ſurvenir, pour l'execution deſquels Arreſts & des Statuts y contenus, nous avons ordonné que toutes Lettres ſeroient expediées, leſquels leſdits Expoſans Nous ont trés-humblement fait ſupplier de leur accorder. A CES CAUSES, aprés avoir fait voir en nôtre Conſeil ledit Arreſt rendu en iceluy ledit jour 23. Decembre 1710. cy-attaché ſous le contre-ſcel de nôtre Chancellerie, avec ceux deſdits jours 20. Mars 10. Juillet 1708. & 15. Juillet 1710. voulant qu'ils ſoient executez ſelon leur forme & teneur, & favorablement traiter les Expoſans de nôtre grace ſpeciale, pleine puiſſance & autorité Royale, Nous avons ordonné & ordonnons par ces Preſentes, ſignées de nôtre main, conformément à l'Avis dudit Sieur de Bernage Commiſſaire départi en la Generalité d'Amiens, que ſans s'arrêter aux griefs articulez contre les Statuts deſdits Marchands en Gros de ladite Ville d'Amiens, inſerez en l'Arreſt de nôtre Conſeil du 20. Mars 1708. ledit Arreſt de nôtre Conſeil du 20. Mars 1708. & 10. Juillet audit an ſeront executez ſelon leur forme & teneur; & en conſequence, que leſdits Marchands en Gros demeureront unis & incorporez en Communauté diſtincte & ſeparée des Communautez des autres Marchands & Negocians de ladite Ville; auquel effet Nous avons ordonné & ordonnons que les dix-neuf Articles des Statuts deſdits Marchands en Gros, inſerez audit Arreſt de nôtre Conſeil du 20. Mars 1708. ſeront & demeureront homologuez purement & ſimplement avec les Marchands Drapiers, Merciers Secs & Epiciers, avec les Tanneurs, Houpiers, Saiteurs & Hautelïſſeurs de ladite Ville, pour être executez ſelon leur forme & teneur; & que pour l'entiere execution de nôtre

nôtre intention les Presentes seront enregistrées en nôtre Cour de Parlement de Paris, & par tout ailleurs où besoin sera, nonobstant toutes oppositions & autres empêchemens formez ou à former à leur enregistrement par lesdits Marchands Drapiers, Merciers Secs, Epiciers, Tanneurs, Houpiers, Saiteurs & Hautelisseurs de nôtredite Ville d'Amiens, dans lesquels si aucuns interviennent, Nous les avons déclarez & déclarons non recevables & mal fondez. Si donnons en mandement à nos amez & feaux Conseillers les Gens tenans nôtre Cour de Parlement à Paris & à tous autres nos Officiers & Justiciers qu'il appartiendra, que ces Presentes ils ayent à faire enregistrer, & du contenu en icelles joüir & user lesdits Exposans pleinement & paisiblement, cessant & faisant cesser tous troubles & empêchemens contraires: Car tel est nôtre plaisir. En témoin dequoi Nous avons fait mettre nôtre Scel à cesdites Presentes. Donne' à Versailles le quatriéme jour du mois de Janvier, l'an de grace mil sept cens onze: Et de nôtre Regne le soixante-huitiéme. Signé, LOUIS. *Et sur le reply*, Par le Roy, Phelypeaux. *Et plus bas:* Visa, Phelypeaux. Pour confirmation des Statuts des Marchands en Gros d'Amiens. Et scellé du grand Sceau de cire jaune.

ARREST DU PARLEMENT,

QUI ordonne avant de proceder à l'enregistrement desdites Lettres Patentes, qu'elles seront communiquées avec lesdits Statuts, au Lieutenant General & au Substitut du Procureur General du Roy en la Police de la Ville d'Amiens, pour donner leur avis.

Extrait des Registres de Parlement.

VEU par la Cour les Lettres Patentes du Roy, données à Versailles le 4. Janvier present mois 1711. signées Louis: Et sur le reply; Par le Roy, Phelypeaux: Et scellées du grand Sceau de cire jaune, obtenuës par les Marchands en Gros de la Ville d'Amiens, par lesquelles pour les causes y contenuës ledit Seigneur a ordonné que sans s'arrêter aux griefs articulez contre les Statuts desdits Impetrans, inserez en l'Arrest du Conseil du 20. Mars 1708. ledit Arrest & celuy du 10 Juillet audit an, seront executez selon leur forme & teneur; & en consequence, que lesdits Impetrans demeureront unis & incorporez en Communauté distincte & separée des Communautez des autres Marchands & Negocians de ladite Ville, auquel effet les dix-neuf Articles desdits Statuts seront homologuez en la Cour, & ainsi que plus au long le contiennent lesdites Lettres à la Cour adressantes, & la Requête presentée par lesdits Impetrans afin d'enregistrement desdites Lettres. Conclusions du Procureur General du Roy: OUY le Raport de Me. Jean-Jacques Gaudart Conseiller; Tout consideré, LA COUR avant proceder à l'enregistrement desdites Lettres, ordonne qu'elles seront communiquées avec lesdits Statuts au Lieutenant General & au Substitut du Procureur General du Roy en la Police de ladite Ville d'Amiens pour donner leur avis, pour ce fait & rapporté & communiqué au Procureur General du Roy être ordonné ce que de raison. FAIT à Paris en Parlement, le vingtsixiéme Janvier mil sept cens onze. Collatiooné. *Signé*, LORNE.

AVIS

Du Lieutenant General & du Procureur du Roy de la Police de la Ville d'Amiens, en execution de l'Arrest de la Cour du 26. Janvier 1711.

VEU par Nous Adrien Dufresne, Conseiller du Roy Magistrat au Bailliage & Siege Présidial d'Amiens, Maire & Lieutenant General de Police de ladite Ville; Philippes Pinguet, Procureur du Roy de la Police & Mairie de ladite Ville d'Amiens; l'Arrest de Nosseigneurs de la Cour de Parlement du 26. Janvier dernier, portant qu'avant proceder à l'enregistrement des Lettres Patentes obtenuës de Sa Majesté par les Marchands en Gros de ladite Ville d'Amiens; ensemble les dix-neuf Articles pour leur servir de Brefs & Statuts, Nous seroient communiquez pour donner nôtre Avis.

NOstre Avis est, sous le bon plaisir de la Cour, que les dix-neuf Articles qui doivent servir de Statuts ausdits Marchands en

Gros sont bons, & doivent être executez selon leur forme & teneur, n'y ayant rien remarqué contre l'interest de Sa Majesté, de ses Officiers, ni du bien public. FAIT à Amiens ce seize Février mil sept cens onze. *Signé*, DUFRESNE & PINGUET.

ARREST DU PARLEMENT,

QUI ordonne que lesdites Lettres Patentes & Statuts seront enregistrez au Greffe de la Cour, pour être executez selon leur forme & teneur.

EXTAIT DES REGISTRES DE PARLEMENT.

VEU par la Cour les Lettres Patentes du Roy données à Versailles le 4. Janvier 1711. signées, LOUIS, *& sur le repli*, Par le Roy, PHELYPEAUX; & scellées du grand Sceau de cire jaune, obtenuës par les Marchands en Gros de la Ville d'Amiens, par lesquelles pour les causes y contenuës, ledit Seigneur a ordonné que les Impetrans demeureront unis & incorporez en Communauté distincte & separée des Communautez des autres Marchands Negocians de ladite Ville, & en consequence que les dix-neuf Articles des Statuts desdits Marchands en Gros, inserez en l'Arrest du Conseil du 20. Mars 1708. seront & demeureront homologuez, avec les Marchands Drapiers, Merciers Secs & Epiciers, avec les Tanneurs, Houpiers, Saiteurs & Hautelisseurs de ladite Ville pour être executez selon leur forme & teneur, ainsi que plus au long le contiennent; lesdites Lettres à la Cour adressantes. Vû aussi lesdits Statuts contenus en dix-neuf Articles, inserez dans ledit Arrest du Conseil du 20. Mars 1708 L'Arrest du 26. Janvier 1711. par lequel il a esté ordonné, que lesdites Lettres avec lesdits Statuts, seront communiquez au Lieutenant General & au Substitut du Procureur General du Roy en la Police de ladite Ville d'Amiens, pour donner leur Avis. L'Avis desdits Officiers du 16. Février ensuivant, & la Requête presentée par lesdits Impetrans, afin d'enregistrement desdites Lettres & Statuts. Conclusions du Procureur General du Roy: OUY le Raport de Me. Jean-Jacques Gaudart, Conseiller: Tout Consideré. NÔTREDITE COUR ordonne, que lesdites Lettres avec lesdits Statuts seront enregistrez au Greffe d'icelle, pour joüir par les Impetrans de leur effet & contenu, & être executez selon leur forme & teneur. FAIT en Parlement le dix-sept Mars 1711. Collationné. *Signé*, LORNE.

Ensuite de l'Arrest du Conseil du 20. Mars 1708. dans lequel sont inserez les dix-neuf Articles des Statuts des Marchands en Gros, est écrit : *Registrez, Ouy le Procureur General du Roy, pour être executez selon leur forme & teneur, suivant l'Arrest de ce jour. A Paris en Parlement le dix-septiéme Mars mil sept-cens onze.* Signé, LORNE.

Et sur le repli des Lettres Patentes obtenuës par lesdits Marchands en Gros, est écrit : *Registrées, Oüy le Procureur General du Roy, pour joüir par les Impetrans de leur effet & contenu, & être executées selon leur forme & teneur, suivant l'Arrest de ce jour. A Paris en Parlement le dix-septiéme Mars mil sept cens onze.* Signé, LORNE.

SENTENCE

Des Maire & Eschevins de la Ville d'Amiens.

PORTANT, que les Lettres Patentes obtenuës par les Marchands en Gros, Arrests du Conseil d'Etat, & l'Arrest du Parlement portant homologation de leurs Brefs & Statuts, seront registrées sur le Livre aux Chartres de cette Ville, & executées selon leur forme & teneur.

A TOUS ceux qui ces presentes Lettres verront : Les Maire & Eschevins de la Ville d'Amiens ; SALUT : Sçavoir faisons, que cejourd'huy datte des Presentes, vû la Requête à Nous presentée par les Marchands en Gros de cette Ville, expositive, que par Arrest du Conseil d'Etat du Roy tenu à Versailles le 20. Mars 1708. conformément à l'Avis de Monsieur Bignon Conseiller d'Etat, Commissaire départi en cette Province, a permis aux Marchands en Gros non incorporez de cette Ville, de s'unir en Corps & Communauté particuliere & distincte des autres Communautez des Marchands & Negocians de ladite Villle ; Et à l'égard des Statuts contenus en leur Requête, Sa Majesté ordonne, que dans un mois pour tout délay, à compter du jour de la signification dudit Arrest, aux Marchands Drapiers, Merciers Secs, Epiciers de ladite Ville, ils seront tenus d'articuler les griefs & dommages qu'ils peuvent souffrir ; sinon & à faute de ce faire & ledit temps passé, que lesdits

Statuts feront & demeureront homologuez avec eux, pour être executez ſelon leur forme & teneur, Sa Majeſté ayant reſervé à ſon Conſeil la connoiſſance de tout, & fait défenſes aux Parties de ſe pourvoir ailleurs, à peine de trois mille livres d'amende, caſſation de procedures, & de tous dépens, dommages & intereſts : ordonne en outre, Sa Majeſté, qu'en payant par les Marchands en Gros les ſommes auſquelles ils ont été taxez pour le rachat des Viſiteurs, Controlleurs des poids & Meſures, & pour la ſupreſſion des Offices d'Inſpecteurs des Manufactures, ils ne pourront être troublez ni inquietez, ſous prétexte de leur établiſſement en Corps & Communauté pour les ſommes par eux ci-devant payées ſous le nom de Marchands en Gros non incorporez, pour la taxe ſur les Corps d'Arts & Métiers, ni pour les réunions des Offices de Jurez Gardes d'Auditeurs, Examinateurs & des Tréſoriers de la bourſe-commune. Par autre Arreſt dudit Conſeil d'Etat du Roy tenu à Verſailles le 23. Decembre 1710. Sa Majeſté conformément à l'Avis de Monſieur de Bernage Commiſſaire départi en cette Generalité, ſans s'arrêter aux griefs articulez contre les Statuts des Marchands en Gros de la Ville d'Amiens, inſerez en l'Arreſt du Conſeil dudit jour 20. Mars 1708. a ordonné & ordonne, que les Arreſts du Conſeil dudit jour 20. Mars & autre du 10. Juillet enſuivant, feront executez ſelon leur forme & teneur ; & en conſequence que leſdits Marchands en Gros feront unis en Communauté diſtincte & ſeparée des Corps des autres Marchands & Negocians de ladite Ville, auquel effet Sa Majeſté ordonne que les 19. Articles des Statuts deſdits Marchands en Gros inſerez audit Arreſt du Conſeil du 20. Mars 1708. feront & demeureront homologuez purement & ſimplement avec les Marchands Drapiers, Merciers Secs, Epiciers, avec les Tanneurs, Houpiers, Saiteurs & Hauteliſſeurs de cette Ville, pour être executez ſelon leur forme & teneur : Et pour l'entiere execution dudit Arreſt, Sa Majeſté a ordonné, que toutes Lettres Patentes feroient expediées & enregiſtrées au Parlement de Paris & par tout ailleurs où beſoin feroit, nonobſtant toutes oppoſitions ou autres empêchemens formez & à former à leur enregiſtrement, par leſdits Marchands Drapiers, Merciers Secs & Epiciers, Tanneurs, Houpiers, Saiteurs & Hauteliſſeurs de cette Ville, dans leſquels, ſi aucuns interviennent, Sa Majeſté les a declarez non recevables & mal fondez. En execution de ces deux Arreſts & autres rendus intermediairement, Sa Majeſté a fait expedier aux Suplians des Lettres

Patentes le 4. Janvier 1711. en conformité d'iceux & ces Lettres ont été enregistrées avec les Arrests, Brefs, Statuts en la Cour de Parlement à Paris, sur les Conclusions de Monsieur le Procureur General par Arrest du 17. Mars, presens mois & an. Et comme il importe aux Suplians de les faire enregistrer en l'Hôtel commun de cette Ville pour que le tout soit parfaitement connu à un chacun, ils ont été conseillez de Nous bailler leur Requête, à ce qu'il Nous plaise, vû lesdits Arrests du Conseil, Statuts, Lettres Patentes & Arrest de la Cour d'enregistrement d'iceux, ordonner que lesdits Arrests du Conseil, Statuts, Lettres Patentes & Arrest de la Cour, seront enregistrez au Greffe de l'Hôtel commun de cette Villle, pour être executez selon leur forme & teneur, & joüir par lesdits Suplians du contenu en iceux; ladite Requête en datte du 31. Mars 1711. nostre Ordonnance au bas de soit communiquée au Procureur du Roy dudit jour Les Conclusions dudit Procureur du Roy dudit jour, Nous avons ordonné, que les Lettres Patentes obtenuës par les Suplians, Arrests du Conseil d'Etat, ensemble l'Arrest de Nosseigneurs de la Cour de Parlement portant homologation des Brefs, Statuts desdits Suplians & autres pieces reprises en ladite Requête, seront enregistrées sur le Livre aux Chartres de cette Ville, pour y avoir recours quand besoin sera: & que lesdites Lettres Patentes, Arrest du Conseil d'Etat, de la Cour de Parlement, portant homologation desdits Brefs & Statuts, seront executez selon leur forme & teneur. DONNE' audit Amiens le trente-un Mars mil sept cens onze. *Signé*, PICARD. Avec paraphe.

SENTENCE
du Bailliage & Siége Présidial d'Amiens.

PORTANT que les Brefs & Statuts des Marchands en Gros inserez en l'Arrest du Conseil du 20. Mars 1708. les Lettres Patentes du 4. Janvier 1711. & l'Arrest du Parlement portant homologation des Statuts du 17. Mars seront executez, & à cet effet registrez au Registre aux Chartres du Bailliage.

A TOUS ceux qui ces Presentes Lettres verront, Jean-Baptiste Thiery, Chevalier, Seigneur de Genonville, Viencourt & autres lieux, Conseiller du Roy, Lieutenant General au Bailliage & Siege Présidial d'Amiens, SALUT. Sçavoir faisons que vû la Requête à

Nous presentée par les Marchands en Gros de cette Ville d'Amiens, expositive que par Arrest du Conseil d'Etat du Roy tenu à Versailles le 20. Mars 1708. Sa Majesté, conformément à l'avis de Mr. Bignon, Conseiller d'Etat, lors Commissaire départi en cette Province, a permis aux Marchands en Gros non incorporez de cette Ville de s'unir en Corps & Communauté particuliere & distincte des autres Communautez des Marchands & Negocians de ladite Ville: & à l'égard des Statuts contenus en leur Requête, Sa Majesté a ordonné que dans un mois pour tout délai, à compter du jour de la signification dudit Arrest aux Marchands Drapiers, Merciers Secs & Epiciers, ils seroient tenus d'articuler les griefs ou dommages qu'ils peuvent y souffrir, sinon & à faute de ce faire, & ledit temps passé, que lesdits Statuts seroient & demeureroient homologuez avec eux pour être executez selon leur forme & teneur, Sa Majesté ayant reservé à son Conseil la connoissance de tout, & fait défenses aux Parties de se pourvoir ailleurs, à peine de 3000. liv. d'amende, de cassation de Procedures, & de tous dépens, dommages & interests: Ordonne en outre Sa Majesté qu'en payant par lesdits Marchands en Gros les sommes ausquelles ils sont taxez pour le rachat des Visiteurs-Controlleurs des Poids & Mesures, & pour la supression des Offices d'Inspecteurs des Manufactures, ils ne pourront être troublez ni inquietez, sous prétexte de leur établissement en Corps & Communauté pour les sommes par eux ci-devant payées sous le nom de Marchands en Gros non incorporez pour la taxe sur les Corps d'Arts & Métiers, ni pour les réunions des Offices de Jurez Gardes, d'Auditeurs & Examinateurs des Comptes, & de Tresorier de la Bourse commune. Par autre Arrest dudit Conseil d'Etat du Roy tenu à Versailles le 23. Decembre 1710. Sa Majesté, conformement à l'avis de Mr. de Bernage Commissaire départi en cette Province, sans s'arrêter aux griefs articulez contre les Statuts des Marchands en Gros de la Ville d'Amiens inserez en l'Arrest du Conseil dudit jour 20. Mars 1708. a ordonné que les Arrests du Conseil dudit jour 20. Mars, & autre du 10. Juillet ensuivant seront executez selon leur forme & teneur; & en consequence que lesdits Marchands en Gros seront unis en Corps & Communauté distincte & separée des Corps des autres Marchands & Negocians de ladite Ville, auquel effet Sa Majesté ordonne que les 19. Articles des Statuts desdits Marchands en Gros inserez audit Arrest du Conseil du 20. Mars 1708. seront &

demeureront homologuez purement & ſimplement avec les Marchands Drapiers, Merciers Secs, Epiciers, & avec les Tanneurs, Houpiers, Saiteurs & Hautelisseurs de cette Ville pour être executez ſelon leur forme & teneur: Et pour l'entiere execution dudit Arreſt, Sa Majeſté a ordonné que toutes Lettres Patentes ſeroient expediées & enregiſtrées au Parlement de Paris, & par tout ailleurs où beſoin ſeroit, nonobſtant toutes oppoſitions & autres empêchemens formez & à former à leur enregiſtrement par leſdits Marchands Drapiers, Merciers Secs, Epiciers, Tanneurs, Houpiers, Saiteurs & Hautelisseurs de cette Ville; dans leſquels, ſi aucunes interviennent, Sa Majeſté les a declaré non recevables & mal fondez: En execution de ces deux Arreſts & autres rendus intermediairement, Sa Majeſté a fait expedier aux Suplians des Lettres Patentes le 4. Janvier 1711. en conformité d'iceux; & ces Lettres ont été enregiſtrées avec les Arreſts & Statuts en la Cour de Parlement à Paris ſur les concluſions de Monſieur le Procureur General par Arreſt du 17. Mars enſuivant, & du depuis en l'Hôtel commun de cette Ville par Ordonnance renduë ſur les Concluſions du Procureur du Roy de ladite Ville du 31. dudit mois de Mars; & comme il importe aux Suplians de les faire auſſi enregiſtrer au Greffe de ce Siege, pour que le tout ſoit parfaitement connu à un chacun, ils ont été conſeillez de Nous donner leur Requête, à ce qu'il Nous plaiſe, vû leſdits Arreſts du Conſeil, Statuts, Lettres Patentes & Arreſt de la Cour d'Enregiſtrement d'iceux, ordonner que leſdits Arreſt du Conſeil, Statuts, Lettres Patentes & Arreſt de la Cour ſeront enregiſtrez au Regiſtre aux Chartres de ce Bailliage, pour être executez ſelon leur forme & teneur, & joüir par les Suplians du contenu en iceux, ladite Requête ſignée Denis Procureur, & les Concluſions du Procureur du Roy; Nous ordonnons que l'Arreſt du Conſeil du vingt Mars 1708. obtenu par les Suplians, dans lequel leurs Brefs & Statuts ſont inſerez au nombre de XIX. Articles, les Lettres Patentes du 4. Janvier 1711. & l'Arreſt du Parlement portant homologation deſdites Statuts du 17. Mars ſeront executez; & à cet effet regiſtrez aux Chartres de ce Bailliage, pour y avoir recours quand beſoin ſera. DONNE' audit Amiens le quatriéme jour d'Avril mil ſept cens onze. *Signé*, DE BACQ, Greffier, & ſcelé.

www.ingramcontent.com/pod-product-compliance
Ingram Content Group UK Ltd.
Pitfield, Milton Keynes, MK11 3LW, UK
UKHW020220180726
13838UKWH00005B/2102